Inhalt

Branchenreport MARKETING & WERBUNG
Ausgabe 2/2011

GENIOS BranchenWissen Nr. 11 vom 09.11.2011

Branchenreport MARKETING & WERBUNG Ausgabe 2/2011

Markus Hofstetter

Kernthesen

- Das Wachstum im deutschen Bruttowerbemarkt hat sich im Laufe des Jahres abgeschwächt, von den Medien verzeichneten nur die Tageszeitungen in den ersten acht Monaten 2011 ein Minus.
- Die Mediaagenturen haben nach dem Krisenjahr 2009 in 2010 ihr Billingvolumen deutlich ausgebaut.
- Recruiting-Strategien werden für Agenturen immer wichtiger, da der Kampf um Talente härter wird.

- Die Handelsorganisationen haben von Januar bis August 2011 ihre Werbeausgaben zum Teil deutlich zurückgefahren.

Beitrag

Das Wachstum im Werbemarkt schwächt sich ab

Laut Nielsen wurden von Januar bis Ende August 2011 insgesamt 15,5 Milliarden Euro brutto an Werbung erlöst. Dies entspricht einem Plus von 4,6 Prozent gegenüber dem Vorjahreszeitraum. In den ersten sieben Monaten des Jahres legte der Werbemarkt noch um 4,8 Prozent zu. Grund für den Rückgang des Wachstums ist der schwache August, in dem sich das Umsatzplus gegenüber dem Vorjahresmonat nur auf 1,6 Prozent belief. Das Wachstum wird sich nach Ansicht der im Gesamtverband Kommunikationsagenturen (GWA) organisierten Dienstleister weiter abschwächen. Sie rechnen für das Gesamtjahr 2011 mit einem Umsatzplus von 4,4 Prozent gegenüber 2010.

2012 erwarten die GWA-Mitglieder ein Umsatzplus von 5,4 Prozent. Damit liegt die Agenturprognose wie gewohnt über dem für das Bruttoinlandsprodukt erwarteten Zuwachs. So geht das Deutsche Institut für Wirtschaftsforschung (DIW) davon aus, dass die Wirtschaft 2012 nur noch um ein Prozent zulegen kann. (1), (2), (3), (4)

Werbemedien: nur Tageszeitungen im Minus

Wie haben sich die einzelnen Werbemedien entwickelt? Einzig die Tageszeitungen gingen laut Nielsen mit einem Minuszeichen aus dem August. Sie meldeten für die ersten acht Monate 2011 ein Minus von 1,2 Prozent gegenüber dem Vorjahreszeitraum. Sie haben bisher knapp 3,3 Milliarden Euro an Bruttowerbeumsätzen erlöst. Publikumszeitschriften und Fachzeitschriften lagen dagegen deutlich im Plus. Drei Prozent mehr gegenüber Januar bis August 2010 haben die Zeitschriften erlöst, der Bruttowerbeumsatz betrug gut 2,2 Milliarden Euro. Die Fachzeitschriften lagen nach dem August sogar vier Prozent im Plus, die Bruttoerlöse lagen bisher bei 264 Millionen Euro.

Auch Radio gelang ein starker Zuwachs. Nielsen meldet für den Hörfunk bis Ende August ein Plus von 5,7 Prozent auf knapp 880 Millionen Euro Bruttowerbeumsatz. Das Fernsehen erhöhte den

Bruttoumsatz um 2,5 Prozent auf knapp 6,4 Milliarden Euro. Beim prozentualen Zuwachs bleibt das Internet stark: die Bruttowerbeerlöse stiegen um 23,6 Prozent auf knapp 1,8 Milliarden Euro.

Nach Prozenten hat Kinowerbung die Nase vorne. Es zahlt sich für das Medium aus, dass Werbekunden seit 2010 im Kino auf die Performance-basierte Abrechnung setzen und nur noch Kontakte einkaufen können. So erhöhten die Lichtspielhäuser bis Ende August ihre Bruttowerbeumsätze um 26,1 Prozent auf gut 53 Millionen Euro. Auch das Plakat meldet ein hohes Wachstum, bis Ende August erhöhte sich der Bruttowerbeumsatz um 15,4 Prozent auf knapp 694 Millionen Euro. (1), (2), (4)

Europa schwächelt, China mit hohem Wachstum

Auch das Wachstum des globalen Werbemarkts schwächt sich ab. Dem Nielsen-Bericht “Global AdView Pulse” zufolge fielen die Werbeaufwendungen bei den erfassten Kategorien TV, Zeitungen, Zeitschriften und Radio im zweiten Quartal 2011 in 16 der beobachteten 36 Märkte geringer aus. Global wuchsen die Spendings im Vergleich zum Vorjahresquartal zwar um 5,7 Prozent auf jetzt 127 Milliarden US-Dollar. Im ersten Quartal waren die Ausgaben aber noch um 8,9 Prozent angestiegen. Für das erste Halbjahr 2011 ergab sich damit ein Plus von 7,2 Prozent.

Regional am schlechtesten schnitt im zweiten Quartal Europa ab. Hier sanken die Ausgaben sogar um 0,3 Prozent im Vergleich zum Vorjahreszeitraum. Sieben der zwölf europäischen Märkte lagen im Minus. Besonders hart erwischte es Spanien mit minus 12,6 Prozent und Griechenland mit minus 13,7 Prozent.

Die Mediaagenturgruppe ZenithOptimedia erwartet laut ihrer Studie "Advertising Expenditure Forecast" für 2011 ein Wachstum von 3,6 Prozent auf dem weltweiten Werbemarkt. Für die nächsten Jahre rechnet ZenithOptimedia mit einer Fortsetzung des stabilen Wachstums mit Raten von 5,3 Prozent in 2012 und 5,5 Prozent in 2013. Den steilsten Anstieg sehen sie dabei für Online mit jährlich plus 14,6 Prozent. Die Werbeinvestitionen in den westlichen, etablierten Märkten werden allerdings geringer steigen als in aufstrebenden Märkten. Westeuropa soll bis 2013 jährlich im Schnitt um 2,8 Prozent wachsen, Nordamerika um 3,3 Prozent.

Das Werbewachstum in China soll dagegen ungebremst weitergehen. Nach einer Prognose von Group M werden 2011 die Werbeumsätze in China um mehr als 15 Prozent auf 54 Milliarden Dollar steigen, im kommenden Jahr sogar um fast 17 Prozent auf 63 Milliarden Dollar. Damit würde China bereits dieses Jahr als zweitgrößter Werbemarkt nach den USA an Japan, dem bisherigen Zweitplatzierten, vorbeiziehen. Dem widersprechen allerdings Prognosen von ZenithOptimedia, die Japan weiterhin deutlich vor China sehen. (5), (6), (7)

Mediaagenturen bauen Billingvolumen deutlich aus

Das Recma-Ranking der deutschen Mediaagenturen bildet die Umsatzentwicklung der 13 hiesigen Networks sowie der vier größten unabhängigen Mediaagenturen ab. Das Ranking zeigt, dass nach dem Krisenjahr 2009 die Mehrzahl der Mediaagenturen ihr Billingvolumen teils wieder deutlich ausgebaut hat. 2009 war das gesamte Schaltvolumen laut Recma auf 13,6 Milliarden Euro abgesackt, im vergangenen Jahr stieg es um elf Prozent auf 15 Milliarden Euro.

Trotz dieser positiven Entwicklung ist der Gesamtwert zunächst verwirrend, schließlich errechnete Nielsen 2010 für den deutschen Bruttowerbemarkt einen Wert von 25 Milliarden Euro. Dass die Nielsen-Zahlen nicht mit denen von

Recma übereinstimmen, liegt an der Rechenmethode der Media-Rechercheure. Zwar gleichen sie die Billings der Mediaagenturen mit den Bruttozahlen von Nielsen ab, doch wird bei allen Mediaspendings ein pauschaler Korrektur-Koeffizient in Höhe von 35 Prozent abgezogen. So will Recma dem Mengenrabatt, den die Agenturen und Werbekunden im Einkauf erzielen, Rechnung tragen. Darüber hinaus wurde bei allen Etats über 15 Millionen Euro, die von großen Medienhäusern stammen, ein zusätzlicher Deflator von fünfzig Prozent abgezogen. Da diese Methodik für alle Mediaagenturen gilt, bleibt zumindest die Vergleichbarkeit untereinander gewahrt.

Laut dem Recma-Ranking hat die Einkaufsmacht von Group M mit Mediacom, MEC, Mindshare und Maxus zugenommen. Die Gruppe erreichte 2010 mit einem konsolidierten Billingvolumen in Höhe von 6,1 Milliarden Euro einen Marktanteil von 40,6 Prozent. Aegis Media mit Carat und Vizeum erzielte ein Billingvolumen von 2,3 Milliarden Euro und einen Marktanteil von 15,5 Prozent. Omnicom Media Group mit OMD und PHD erzielte ein Billingvolumen von 2,2 Milliarden Euro und einen Marktanteil von 14,6 Prozent. (8), [Abb. 1]

Recruiting-Strategien werden für

Agenturen immer wichtiger

Auf dem Personalmarkt wird es immer enger. Laut einer WPGS-Studie müssen sich bis zu 47 Prozent der befragten Dienstleister bereits mit Personalengpässen herumschlagen. Dies trifft vor allem auf Agenturen zu, viele offene Stellen bleiben unbesetzt. Deswegen müssen die vorhandenen Mitarbeiter noch mehr arbeiten, so dass die Attraktivität der Agenturen bei potenziellen Bewerbern leidet. Zudem klafft bei der Höhe der Gehälter die Schere zwischen Industrie und Agenturen wieder deutlicher auseinander. So wird es für die Agenturen immer schwerer, Fachkräfte wie Digitalexperten zu finden.

Vor diesem Hintergrund gewinnen Recruiting-Strategien für Agenturen enorm an Bedeutung. Denn die meisten Dienstleister haben bisher zu wenig an der eigenen Employer Brand gearbeitet. Bekannt sind nur die Employer Brands Jung von Matt, Scholz & Friends und BBDO. Die Recruiting-Strategie der drei Agenturen ist verwoben mit dem Begriff "Netzwerken". Dazu nutzen die Dienstleister alle möglichen Kanäle, abgesehen von Printmedien. Immer wichtiger wird dabei das persönliche Netzwerk. Die Arbeitnehmer sehen das genau wie die Agenturen. Laut der jüngsten Designerdock-Umfrage ist das persönliche Netzwerk für die Arbeitnehmer wichtigster Kanal bei der Suche nach interessanten

Stellen. (9), (10), (11), [Abb. 2]

Aldi und Media-Saturn knausern bei den Werbeausgaben

Die Stabilität des Werbemarktes überrascht zunächst, weil sich unter den Garanten des Werbemarktes gerade die jahrelangen Wachstumstreiber Handelsorganisationen fortgesetzt knausrig zeigen. Allen voran Aldi und Media-Saturn sind derzeit im Sparmodus. Der Discounter fuhr in den ersten sieben Monaten 2011 seine Spendings im Vergleich zum Vorjahr um fast 24 Prozent nach unten, der Elektrofachhändler reduzierte seine Spendings um 15 Prozent, blieb aber mit 241,8 Millionen Euro zweitgrößter Werbespender.

Größter Werbespender in den ersten sieben Monaten 2011 war der Konsumgütergigant Procter&Gamble. Das Unternehmen steckte 275,2 Millionen Euro in Above-the-Line-Kommunikation, was einem Minus von 2,4 Prozent entspricht. Unilever reduzierte die Budgets um 1,4 Prozent auf 197,9 Millionen Euro. Während LOréal 178,1 Millionen Euro hinblätterte, ein Minus von 4,4 Prozent, erhöhte Süßwarenspezialist Ferrero seine Werbeetats um 4,7 Prozent auf 181,1 Millionen Euro. Axel Springer erhöhte seine Werbeausgaben um 3,6 Prozent auf

179,4 Millionen Euro. (2), (3), (4), (12), (13) [Abb. 3]

Bei den Verbänden rumort es

Es sind turbulente Zeiten für die Agenturvertretungen GWA (Gesamtverband Kommunikationsagenturen) und GPRA (Gesellschaft Public Relations Agenturen). So hat Serviceplan bis zum Jahresende seine Kündigung bei der GWA ausgesprochen, die jedoch wieder zurückgezogen wurde. Serviceplan hatte seine Kündigung unter anderem mit einem ungesunden Preis-Leistungs-Verhältnis begründet. Nun plant der GWA eine Beitragsreform, von der nicht zuletzt große Beitragszahler wie Serviceplan profitieren sollen. Insgesamt erzielt der GWA ein Beitragsvolumen von rund 1,3 Millionen Euro. Aktuell vertritt die Lobby 108 Agenturen und Agenturgruppen. Vor einigen Jahren waren es noch mehr als 130.

Auch bei der GPRA gab es Austritte. Die Mitgliederzahl der PR-Lobby reduzierte sich auf 31. Als Grund wird unter anderem angegeben, dass man immer weniger Übereinstimmung zwischen den Zielen der GPRA und Agenturzielen findet. Der GPRA weist im Gegenzug auf die mit großer Mehrheit beschlossene Neuausrichtung sowie die aus seiner Sicht erzielten Erfolge und Aktivitäten wie

Vertrauensindex, Branchenkodex oder Pitchberatung hin. (15), (16), (17)

Trends

Außenwerber verknüpfen Plakat und Smartphone

Die Verknüpfung von Plakat mit Handy oder Smartphone über Quick Response Codes (QR Codes) elektrisiert die Außenwerber. Laut einer Studie von Wall Decaux nennt derzeit jeder fünfte Deutsche ein Smartphone sein Eigen, unter den Jüngeren bis 34 Jahre sogar jeder Dritte. 76 Prozent der Smartphone-Besitzer gehen damit täglich ins Internet. Plakate mit dem Gerät zu fotografieren, um zusätzliche Informationen oder Angebote zu bekommen, finden 26 Prozent der Befragten "sehr gut", weitere 53 Prozent "gut". Gewünscht werden dabei vor allem Preisvorteile und Coupons, Zusatzinfos zum Produkt, Infos zum nächstgelegenen Shop, aber auch exklusive Inhalte wie Downloads, Gewinnspiele und schließlich die Möglichkeit, das Produkt mit einem Klick kaufen zu können. (18)

Boom der Bildtelefonie für Werbung nutzen

Videotelefonie wird immer beliebter. Laut dem Branchenverband Bitkom nutzen bereits sieben Millionen Bürger hierzulande entsprechende Angebote im Internet. Mit dem Boom bei Smartphones und Tablet-PCs bei gleichzeitiger Verfügbarkeit von Breitbandnetzwerken dürfte die Nachfrage nach Videotelefonie weiter zunehmen. Zwar fällt die Einschätzung des Potenzials der Videotelefonie fürs Marketing negativ aus, da die direkten Möglichkeiten, Videotelefonie für Werbung zu nutzen, derzeit noch beschränkt sind. Doch soll die Erhaltung der Plattform-Mehrwerte als Grundlage der Vermarktung relevant werden. Dabei wird gezielt Werbung ausgeliefert, die zu den individuellen Interessen der Nutzer passen. So könnten Werbungtreibende Services und Tools rund um die Bildtelefonie mit echtem Mehrwert für die Anwender entwickeln. (19)

Zahlen & Fakten

Abbildung 1: Recma-Ranking Deutschland - die

größten Mediaagenturen

Rang	Agentur	Holding/Gruppe	Billings in Mio. Euro 2010	Billings in Mio. Euro 2009	Verände zu 2009 Prozent
1	Mediacom	Group M	3 234	2 995	8
2	OMD	Omnicom Media Group	2 079	2 079	0
3	Carat	Aegis Media	1 670	1 479	12
4	Zenith Optimedia	Vivaki	1 480	1 232	20
5	MEC*	Group M	1 441	1 117	29
6	Mindshare	Group M	1 345	1 130	19
7	Mediaplus	Serviceplan	870	832	5
8	Vizeum*	Aegis Media	668	556	20
9	Universal McCann	Interpublic	514	447	15
10	MPG	Havas Media	400	286	40
11	Pilot Media	unabhängig	378	365	4
12	Initiative	Interpublic	348	308	13
13	Crossmedia	unabhängig	220	220	0
14	Starcom Media Vest	Vivaki	129	172	-25
15	PHD	Omnicom Media Group	120	200	-40
16	Maxus	Group M	104	90	15
17	Moccamedia	unabhängig	90	76	18

Gesamt		15 090	13 601	11	100

* ehemals Mediaedge CIA Quelle: Recma, Stand Juni 2011 Entnommen aus: HORIZONT, 28/2011, S. 19, (8)

Abbildung 2: Jobangebote werden am häufigsten auf der Unternehmensseite platziert

Entnommen aus: HORIZONT, 31/2011, S. 17, (10)

Abbildung 3: Die 10 größten Werbungtreibenden bis Ende Juli 2011

Unternehmen	Ausgaben Jan. - Juli 2011*	Veränderung zu 2010 in Prozent
Procter&Gamble, Schwalbach	275,2	-2,4
Media-Saturn-Holding, Ingolstadt	241,8	-15
Unilever, Hamburg	197,9	-1,4
Ferrero, Frankfurt	181,1	4,7
Axel Springer, Hamburg	179,4	3,6
LOréal, Düsseldorf	178,1	-4,4
Aldi, Mühlheim	166,7	-23,7
Edeka Zentrale, Hamburg	129,2	-3,7
Volkswagen, Wolfsburg	122,8	0,6
Lidl, Neckarsulm	120,6	-12,3

* Angaben in Millionen Euro Quelle: Nielsen
Entnommen aus: HORIZONT 33/2011, S. 20, (13)

Weiterführende Literatur

(1) Nielsen-Zahlen: Im August gibt der Werbemarkt nach
aus W&V Online-Magazin vom 14.09.2011

(2) Nielsen: Noch ist der Werbemarkt stabil
aus horizont.net vom 11.08.2011

(3) GWA Herbstmonitor: Deutsche Agenturen rechnen weiterhin mit Wachstum
aus horizont.net vom 12.10.2011

(4) Branche vergeht die Spendierlaune
aus Lebensmittel Zeitung 29 vom 22.07.2011 Seite 035

(5) Werbemarkt verliert an Dynamik
aus werben & verkaufen Nr. 40 vom 06.10.2011, S. 10

(6) WERBEMARKT LAUT ZENITHOPTIMEDIA STABIL: Werbetreibende setzen aufs Internet, nicht mehr auf TV
aus kress.de vom 05.10.2011

(7) Anhaltender Werbe-Boom in China
aus Kontakter Online vom 19.09.2011

(8) Group M baut Marktmacht aus
aus HORIZONT 28 vom 14.07.2011 Seite 019

(9) Agenturen rangeln um gute Mitarbeiter
aus werben & verkaufen Nr. 27 vom 07.07.2011, S. 26

(10) Kreativität peppt Image auf
aus HORIZONT 31 vom 04.08.2011 Seite 017

(11) Agenturen investieren weiter in Personal
aus HORIZONT 30 vom 28.07.2011 Seite 006

(12) Autobauer halten die Spur
aus HORIZONT 37 vom 15.09.2011 Seite 089

(13) Handel zeigt sich bei Werbung uneinheitlich
aus Lebensmittel Zeitung 38 vom 23.09.2011 Seite 048

(15) Verbände stehen unter Druck
aus HORIZONT 35 vom 01.09.2011 Seite 006

(16) Serviceplan bleibt im GWA
aus HORIZONT 36 vom 08.09.2011 Seite 006

(17) GWA kämpft um Serviceplan
aus HORIZONT 33 vom 18.08.2011 Seite 006

(18) Außenwerber gehen ins Netz
aus HORIZONT 39 vom 29.09.2011 Seite 034

(19) Bildtelefonie gewinnt Fans
aus Der Kontakter Nr. 35 vom 29.08.2011, S. 20

Impressum

Branchenreport MARKETING & WERBUNG Ausgabe 2/2011

Bibliografische Information der deutschen Nationalbibliothek

Die Deutsche Nationalbibliothek verzeichnet diese Publikation in der deutschen Nationalbibliografie; detaillierte bibliografische Daten sind im Internet über http://dnb.d-nb.de abrufbar.

ISBN: 978-3-7379-1892-3

oder ähnliche Einrichtungen und die Einspeicherung und Verarbeitung in elektronischen Systemen.